Desastres naturales

Estimar

Diana

Créditos de publicación

Editora
Sara Johnson

Directora editorial
Emily R. Smith, M.A.Ed.

Editora en jefe
Sharon Coan, M.S.Ed.

Directora creativa
Lee Aucoin

Editora comercial
Rachelle Cracchiolo, M.S.Ed.

Créditos de imagen

La autora y los editores desean agradecer y reconocer a quienes otorgaron su permiso para la reproducción de materiales protegidos por derechos de autor: portada NASA; pág. 1 Getty Images/James Nielsen; pág. 5 NASA; pág. 6 Photolibrary.com/Warren Faidley; pág. 7 Federal Emergency Management Agency; pág. 8 Getty Images/Marko Georgiev; pág. 9 Federal Emergency Management Agency; págs. 10-11 U.S. Department of Defense; págs. 12-13 Photolibrary.com; pág. 14 Photodisc; pág. 15 iStock Photo; pág. 16 AAP Image/Paul Hellstern; pág. 17 AAP Image/J. Pat Carter; págs. 18-19 Getty Images; págs. 20-21 Getty Images/Dimas Ardian; págs. 22 AAP Image/John Russell; pág. 23 Photolibrary.com/Mark Pearson; pág. 24 AAP Image/Fadlan Arman Syam; pág. 26 Photolibrary.com; pág. 27 Photolibrary.com/Wesley Bocxe; pág. 28 Getty Images; pág. 29 Photolibrary.com/Jim Edds.

Si bien se ha hecho todo lo posible para buscar la fuente y reconocer el material protegido por derechos de autor, los editores ofrecen disculpas por cualquier incumplimiento accidental en los casos en que el derecho de autor haya sido imposible de encontrar. Estarán complacidos de llegar a un acuerdo idóneo con el propietario legítimo en cada caso.

Teacher Created Materials

5301 Oceanus Drive
Huntington Beach, CA 92649-1030
http://www.tcmpub.com
ISBN 978-1-4938-2937-8
© 2016 Teacher Created Materials, Inc.

Contenido

Desastres naturales

Todos tememos a los **desastres naturales**. Afortunadamente, algunos desastres naturales se pueden **predecir**. Cuando las personas están preparadas, se pueden salvar vidas.

Huracanes

Los huracanes son tormentas **tropicales** fuertes. Se forman sobre los océanos. **Rotan** en dirección antihoraria.

Categorías de huracanes

La fuerza de un huracán se califica en una escala de categorías del 1 al 5.

Categoría	Velocidad del viento (millas por hora)	Velocidad del viento (kilómetros por hora)
1	74–95	119–153
2	96–110	154–177
3	111–130	178–209
4	131–155	210–249
5	> 155	> 249

Huracán Katrina

El huracán Katrina fue uno de los peores desastres naturales que haya azotado a Estados Unidos. Katrina comenzó como muy mal tiempo el 23 de agosto del 2005. Luego, se convirtió en una tormenta tropical. Posteriormente, el 29 de agosto, el huracán Katrina llegó a Nueva Orleans como un huracán de categoría 3.

El huracán Katrina en el golfo de México

Una ciudad en riesgo

Los huracanes pueden causar **oleajes de tormenta**. Esto es agua que los vientos huracanados empujan hacia la costa. Nueva Orleans es una ciudad construida cerca del mar. Gran parte de la ciudad está por debajo del nivel del mar. Se construyeron **diques** para frenar el agua de mar.

EXPLOREMOS LAS MATEMÁTICAS

Estima la altura promedio de los oleajes de tormenta para estos huracanes. Responde usando pies y metros.

Huracán	Categoría	Año	Altura del oleaje de tormenta (aproximada)
Katrina	3	2005	29 pies / 9 m
Opal	3	1995	20 pies / 6 m
Andrew	4	1992	17 pies / 5 m
Hugo	5	1989	20 pies / 6 m
Camille	5	1969	25 pies / 8 m

Preparación para Katrina

El Centro Nacional de Huracanes y el Servicio Meteorológico Nacional habían estado rastreando al huracán Katrina. El domingo 28 de agosto del 2005, el alcalde de Nueva Orleans ordenó a la población que abandonara la ciudad. Las familias abandonaron sus hogares en autobuses y **vehículos** privados. Cerca de un millón de personas salieron de la ciudad.

Pero muchas personas se quedaron. El Superdome de Luisiana se abrió como **refugio** para estas personas. La gente fue llevada en autobuses al refugio. Entre 20,000 y 25,000 personas permanecieron en el Superdome.

Las personas esperaban en largas filas afuera del Superdome.

Rescatistas listos

Se informó al gobierno federal estadounidense que el huracán Katrina azotaría el sudeste de Luisiana. Equipos de búsqueda y rescate y médicos estaban listos para ayudar. También tenían listos agua y hielo.

Predicciones de inundación en el Superdome

Se predijo que entraría agua de la inundación al Superdome. Se indicó a las personas que se mantuvieran alejadas de las áreas más bajas del Superdome.

Llega el huracán

El lunes 29 de agosto, el huracán Katrina azotó Nueva Orleans. Los oleajes de tormenta rompieron los diques. La ciudad quedó **gravemente** inundada. Muchas personas quedaron varadas en los techos de sus casas. Algunas personas incluso quedaron atrapadas en los áticos.

Energía y agua

No había agua potable. La ciudad no tenía energía. Pasarían semanas antes de que volviera la energía.

9

Una ciudad dañada

Había muchos **daños** en la ciudad. Era difícil para los médicos y los equipos de rescate saber dónde se necesitaba más ayuda. Muchos teléfonos y celulares no funcionaban. Las carreteras estaban destruidas. Era difícil llegar a las personas.

El Superdome también quedó muy dañado. El huracán abrió dos huecos en el techo. El agua de la inundación aumentó y las personas tuvieron que abandonar el Superdome. Por último, toda la ciudad fue **evacuada**.

Huracanes del Atlántico

El huracán Katrina se formó en el mar, en el Atlántico. Esta tabla muestra la cantidad de huracanes de categoría 3, 4 y 5 que se han formado en el Atlántico en años anteriores.

Año	Huracanes de categoría 3, 4 y 5
2006	2
2005	7
2004	6

¡Las predicciones sí ayudan!

A pesar de que hubo muchos daños, las predicciones del Centro Nacional de Huracanes y el Servicio Meteorológico Nacional fueron de ayuda. Se advirtió a la ciudad de Nueva Orleans. Se indicó a las personas que debían irse. Cientos de miles de vidas se salvaron.

Agua de la inundación rodea el Superdome

Sacudida del tornado de Oklahoma

Cada año, los tornados pueden golpear casi inadvertidamente. Los fuertes vientos dañan viviendas y otros edificios. Las personas pueden quedar seriamente lastimadas. Incluso pueden morir. El 3 de mayo de 1999, Oklahoma sufrió el peor tornado de la historia.

Tornados

Los tornados son columnas de aire que giran. Bajan a la tierra desde nubes de tormentas eléctricas.

Intensidad del tornado

La intensidad de un tornado se clasifica en una escala de 0 a 5.

Intensidad	Velocidad del viento (millas por hora)	Velocidad del viento (kilómetros por hora)
F0	40–72	64–116
F1	73–112	117–180
F2	113–157	181–253
F3	158–207	254–333
F4	208–260	334–418
F5	> 261	> 419

Estados en riesgo

Los tornados son más predecibles en algunos lugares que en otros. Se forman más tornados en el centro de Estados Unidos que en ningún otro lugar del mundo. Esta área a veces es llamada el Callejón de los tornados.

Clave

Callejón de los tornados
Montañas Rocosas

CANADÁ

Oklahoma

ESTADOS UNIDOS DE AMÉRICA

MÉXICO

De tormentas eléctricas a tornados

Los tornados se originan a partir de tormentas eléctricas. Las tormentas eléctricas comienzan cuando el aire cálido y húmedo se encuentra con el aire frío y seco. Esto forma lo que los **meteorólogos** llaman un **frente**.

EXPLOREMOS LAS MATEMÁTICAS

Puedes estimar la distancia entre una tormenta eléctrica y tú mismo contando la cantidad de segundos que hay entre el relámpago y el sonido de un trueno. Luego, divide ese número entre 5 para conocer la distancia en millas o entre 3 para conocer la distancia en kilómetros.

a. Estima la distancia en millas si el tiempo entre el relámpago y el sonido del trueno fue de 15 segundos.

b. Estima la distancia en kilómetros si el tiempo entre el relámpago y el sonido del trueno fue de 21 segundos.

Para convertirse en un tornado, una tormenta eléctrica debe comenzar a girar. El Callejón de los tornados se ubica al este de las Montañas Rocosas. El aire que baja de estas montañas es frío y seco. Este aire hace que una tormenta eléctrica comience a girar.

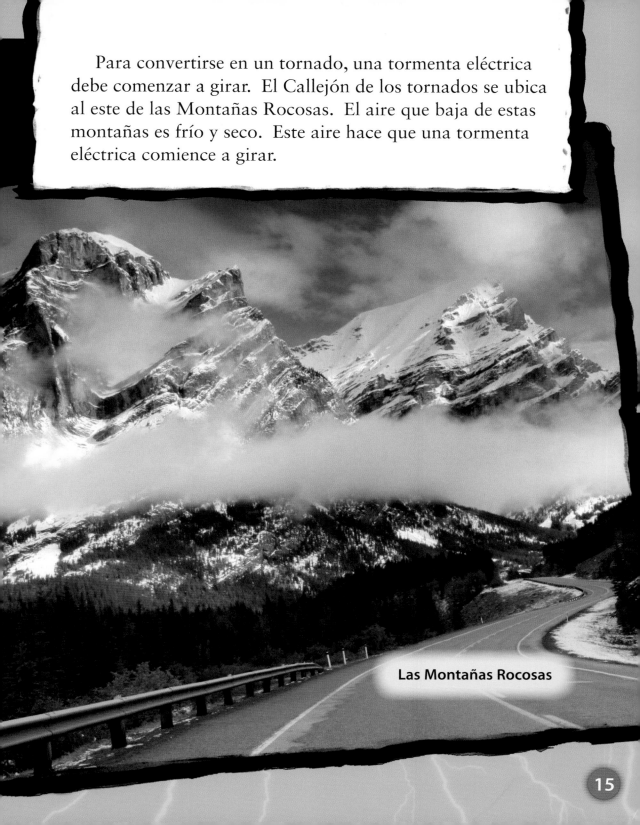

Las Montañas Rocosas

Los expertos predicen

El 3 de mayo de 1999 el tiempo era cálido y húmedo en Oklahoma. Los meteorólogos pensaron que solo había un ligero riesgo de tormentas eléctricas. Pero, hacia las 4:15 p. m., tuvo lugar la primera advertencia de una intensa tormenta eléctrica. Hacia las 4:47 p. m., se emitió la primera advertencia de tornado. Se predijeron vientos de hasta 80 millas por hora (129 km/h).

Los datos ayudaron a las predicciones

Los meteorólogos usaron datos del **radar**, los **localizadores de tornados** y las imágenes satelitales para rastrear las tormentas. Incluso vieron los tornados en las noticias de la televisión.

Azota un tornado

Alrededor de las 7:00 p. m. del 3 de mayo, el servicio meteorológico predijo que un gran tornado azotaría la ciudad de Oklahoma. Se advirtió a las personas que se refugiaran o abandonaran la ciudad. A las 7:31 p. m., un tornado de intensidad 5 arrasó la ciudad de Oklahoma.

La ciudad de Oklahoma después del tornado

Destrucción

Oklahoma tiene muchos tornados. Pero el tornado que golpeó la ciudad el 3 de mayo de 1999 fue increíblemente fuerte. El tornado dañó o destruyó 8,000 edificios en Oklahoma. Murieron cuarenta y dos personas.

EXPLOREMOS LAS MATEMÁTICAS

Esta tabla muestra la cantidad de tornados por mes en Estados Unidos en el lapso de 3 años.

a. Redondea los números al 10 más cercano.

b. Estima la cantidad total de tornados para cada año.

c. ¿Cómo podrían ayudar estos números a que los meteorólogos predigan futuros tornados?

Tornados en Estados Unidos

Mes	2007	2006	2005
Enero	21	47	33
Febrero	52	12	10
Marzo	171	150	62
Abril	165	245	132
Mayo	250	139	123
Junio	128	120	316
Julio	69	71	138
Agosto	73	80	123
Septiembre	51	84	133
Octubre	87	76	18
Noviembre	7	42	150
Diciembre	19	40	26

Las predicciones salvan vidas

El Servicio Meteorológico Nacional pudo predecir dónde azotaría el tornado en la ciudad de Oklahoma. Muchas personas pudieron abandonar el área o buscar refugio. Se salvaron vidas.

La comunicación ayuda

Muchas personas se enteran de la llegada de los tornados cuando miran televisión o escuchan radio. También se comunican las advertencias entre sí.

El tsunami asiático del 2004

Las predicciones anticipadas pueden salvar vidas. Pero el 26 de diciembre del 2004, se produjo un enorme terremoto submarino sin advertencia. **Ocurrió** por la costa oeste de Sumatra, en Indonesia.

Tsunamis

Los tsunamis son grandes olas oceánicas causadas por terremotos o derrumbes submarinos.

Se forma un tsunami

El terremoto formó enormes olas que se propagaron por todo el océano Índico. Un gigantesco tsunami alcanzó las costas de muchos países. Causó uno de los peores desastres naturales de la historia moderna.

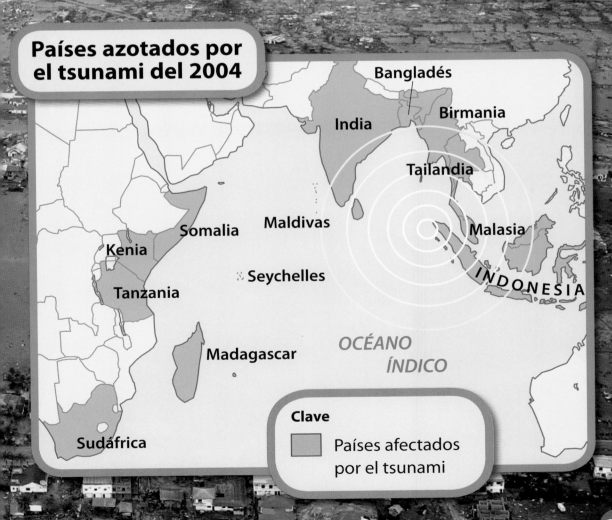

Países azotados por el tsunami del 2004

Bangladés

Birmania

India

Tailandia

Somalia

Maldivas

Malasia

Kenia

INDONESIA

Seychelles

Tanzania

OCÉANO ÍNDICO

Madagascar

Clave

Países afectados por el tsunami

Sudáfrica

Azota el tsunami

Quince países fueron azotados por el tsunami. Los países más golpeados fueron Indonesia, Sri Lanka, Tailandia y la India. Más de 200,000 personas perdieron la vida.

Muchas de estas personas vivían en pueblos pesqueros. Los pueblos estaban cerca de la costa. Algunos pueblos costeros eran sitios **turísticos**. Muchos turistas perdieron la vida cuando las olas golpearon.

Pasaron varias horas entre el terremoto y la llegada del tsunami a tierra. Pero el tsunami tomó a la mayoría de las personas por sorpresa. Esto pasó porque no había sistemas de alerta de tsunamis en el océano Índico.

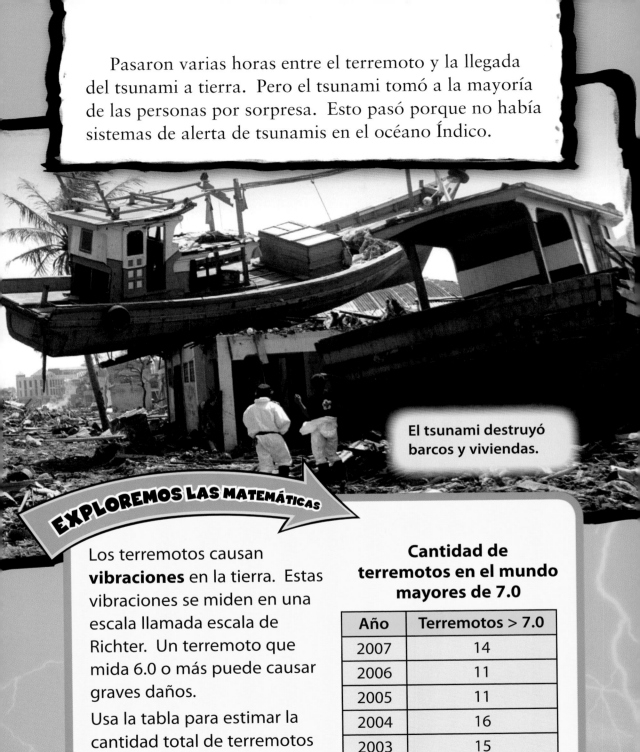

El tsunami destruyó barcos y viviendas.

EXPLOREMOS LAS MATEMÁTICAS

Los terremotos causan **vibraciones** en la tierra. Estas vibraciones se miden en una escala llamada escala de Richter. Un terremoto que mida 6.0 o más puede causar graves daños.

Usa la tabla para estimar la cantidad total de terremotos entre 2003 y 2007.

Cantidad de terremotos en el mundo mayores de 7.0

Año	Terremotos > 7.0
2007	14
2006	11
2005	11
2004	16
2003	15

Un sistema de alerta

Después del tsunami asiático, se necesitaba un Sistema de Alerta de Tsunamis en el Océano Índico. Muchos países de todo el mundo trabajaron unidos para crear el sistema. Para fines de junio de 2006, el sistema ya estaba en uso.

una boya de detección de tsunamis

Veinticinco estaciones de datos forman parte del Sistema de Alerta de Tsunamis del Océano Índico. Estas estaciones recopilan datos cuando ocurren los terremotos. Luego, las estaciones envían los datos a centros de información sobre tsunamis.

EXPLOREMOS LAS MATEMÁTICAS

Millones de pequeños terremotos ocurren cada año en el mundo. Muchos ocurren en áreas **remotas**. También tienen mediciones muy bajas en la escala de Richter.

Esta tabla muestra la cantidad anual de terremotos en Estados Unidos en un lapso de 5 años.

Terremotos en Estados Unidos

Año	2003	2004	2005	2006	2007
Cantidad de terremotos	2,946	3,550	3,685	2,783	2,791

a. Redondea los números al 1,000 más cercano. Estima la cantidad total de terremotos.

b. Redondea los números al 100 más cercano. Estima la cantidad total de terremotos.

c. Compara las 2 estimaciones. ¿Cuál crees que es más precisa?

Transmisión de la alerta

Se salvarán vidas solo si las alertas de tsunami llegan a las personas. Algunas personas no tienen radios, televisores ni teléfonos. Los gobiernos deben encontrar las mejores maneras para que las personas se enteren rápidamente de la llegada de un tsunami.

Carteles de advertencia de tsunamis en una playa de Tailandia

Salvar vidas

No podemos detener los desastres naturales. Pero podemos recopilar más datos sobre ellos. Los datos nos ayudarán a predecir por qué, dónde y cuándo pueden ocurrir estos desastres. Estas predicciones pueden salvar vidas.

¡Pueblo Ventoso evacuado!

Los científicos han estudiado la cantidad de huracanes en Pueblo Ventoso durante los últimos 8 años. Además, han recopilado datos sobre la cantidad de personas que necesitaban ser evacuadas. Esta tabla muestra los datos.

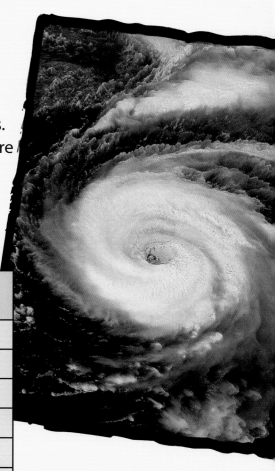

Evacuaciones por huracanes

Año	Huracanes	Personas evacuadas
2007	5	1,195
2006	3	823
2005	4	1,072
2004	2	586
2003	0	0
2002	1	217
2001	2	503
2000	1	195

¡Resuélvelo!

Estima cuántas personas fueron evacuadas:

a. del 2000 al 2003.

b. del 2004 al 2007.

c. durante los 8 años.

Usa los siguientes pasos como ayuda para resolver estos problemas.

Paso 1: Redondea al 100 más cercano la cantidad de personas evacuadas cada año.

Paso 2: Suma las cantidades para encontrar la cantidad total de personas evacuadas desde el 2000 hasta el 2003.

Paso 3: Suma las cantidades para encontrar la cantidad total de personas evacuadas desde el 2004 hasta el 2007.

Paso 4: Suma las respuestas para calcular la respuesta de **c**.

Glosario

daños: estragos causados a una persona o cosa

desastres naturales: eventos que ocurren en la naturaleza, tales como tornados o inundaciones, que causan daños cuantiosos

diques: bancos o muros construidos para proteger la tierra de posibles inundaciones

estima: realiza un cálculo aproximado o una suposición

evacuada: llevada a un lugar seguro

frente: lugar donde se encuentran dos masas de aire

gravemente: muy mal

localizadores de tornados: personas capacitadas para observar y confirmar eventos meteorológicos severos, por ejemplo, los tornados

meteorólogos: personas que estudian el clima y el tiempo

ocurrió: sucedió

oleajes de tormenta: agua empujada hacia la costa por la intensidad de una tormenta

predecir: decir anticipadamente que algo sucederá

radar: instrumento que envía ondas de radio como medio para encontrar objetos

refugio: lugar que brinda protección, cobijo o seguridad

remotas: lejanas, apartadas

rotan: giran como una rueda

tropicales: relativo a los trópicos o que ocurre allí. Los lugares tropicales son cálidos y húmedos.

turísticos: lugares a los que se viaja por interés o por placer

vehículos: automóviles, camiones, bicicletas y otros medios de transporte para mover personas y mercancías

vibraciones: movimientos de sacudida o palpitación

Índice

Exploremos las matemáticas

Página 6:

30 pies + 20 pies + 15 pies +
20 pies + 25 pies = 110 pies

110 pies ÷ 5 huracanes = 22 pies

Altura promedio de oleajes de tormenta en pies: 22 pies

10 m + 5 m + 5 m + 5 m + 10 m = 35 m

35 m ÷ 5 huracanes = 7 m

Altura promedio de oleajes de tormenta en metros: 7 m

Página 14:

a. 15 ÷ 5 = 3 millas

b. 21 ÷ 3 = 7 kilómetros

Página 18:

a.

Mes	2007	2006	2005
Enero	20	50	30
Febrero	50	10	10
Marzo	170	150	60
Abril	170	250	130
Mayo	250	140	120
Junio	130	120	320
Julio	70	70	140
Agosto	70	80	120
Septiembre	50	80	130
Octubre	90	80	20
Noviembre	10	40	150
Diciembre	20	40	30

b. Cantidad aproximada de tornados:
2007 = 1,100; 2006 = 1,110; 2005 = 1,260

c. Las respuestas variarán.

Página 23:

Una cantidad total estimada de 70 terremotos

Página 25:

a. 3,000 + 4,000 + 4,000 + 3,000 + 3,000
= 17,000 terremotos

b. 2,900 + 3,600 + 3,700 + 2,800 + 2,800
= 15,800 terremotos

c. Las respuestas pueden variar. Redondear hasta el 100 más cercano es más apropiado que redondear hasta el 1,000 más cercano porque el total está más cerca de la cantidad real.

Actividad de resolución de problemas

Paso 1:

Año	Huracanes	Personas evacuadas
2007	5	1,200
2006	3	800
2005	4	1,100
2004	2	600
2003	0	0
2002	1	200
2001	2	500
2000	1	200

a. Aproximadamente 900 personas fueron evacuadas del 2000 al 2003.

b. Aproximadamente 3,700 personas fueron evacuadas del 2004 al 2007.

c. Aproximadamente 4,600 personas fueron evacuadas durante los 8 años.

Desastres naturales

Estimar

¡Cuidado! Nunca se sabe qué desastre natural pueda estar justo a la vuelta de la esquina. Aprende todo acerca de la importancia de hacer predicciones y estimaciones en relación con los desastres naturales. Además, explora los diferentes tipos de desastres, incluidos los huracanes, tornados y tsunamis, y eventos de la vida real como el huracán Katrina. Se proporcionan tablas y datos para que puedas comprender cómo los científicos hacen predicciones sobre los desastres naturales futuros y cómo estas predicciones pueden salvar las vidas de las personas.

Números y operaciones

ISBN 978-1-4938-2937-8

50000

9 781493 829378

TCM 24937

O6-DKQ-283